Reversionary Interests in English Copyrights . . . . (p. 7)
Heimfallansprüche auf englische Urheberrechte . . . (S. 23)

INTERNATIONALE GESELLSCHAFT FÜR URHEBERRECHT E. V.

EHRENMITGLIEDER

Membres d'honneur — Honorary members — Socios honorarios —

Sócios honorários — Soci onorari

Prof. Dr. Ernst D. Hirsch Ballin, Niederlande · Dr. h. c. Bénigne Mentha, Schweiz · Prälat Prof. Dr. Johannes Overath, Deutschland · S. E. Dr. Bruno Wüstenberg, Tit.-Erzbischof, Apostolischer Pronuntius in Japan · Dr. Paul Abel † · Prof. Dr. Kurt Frieberger † · Dr. Wenzel Goldbaum † · Prof. Dr. Dr. h. c. Joseph Haas † · Prof. Zoltan Kodály † · Prof. Dr. Dr. h. c. Dr. h. c. Heinrich Lehmann † · Walter von Molo † · Prof. Dr. Dr. h. c. Dr. h. c. Dr. h. c. Hans Carl Nipperdey † · S. Exz. Filippo Pasquera † · Dr. Willy Richartz † · Prof. Dr. Theodor Süss †

VORSTAND

Comité — Committee — Presidenza

Präsident: Generaldirektor Dr. jur. h. c. Erich Schulze

Prof. Dr. Dr. h. c. Dr. h. c. Borislav T. Blagojević (**Jugoslawien**); Prof. Dr. Ernst J. Cohn (**Großbritannien**); Prof. Dr. Walter J. Derenberg (**USA**); Wirtschaftsprüfer Max Faust (**Deutschland**); Prof. Charalambos N. Fragistas (**Griechenland**); Prof. Dr. Gino Galtieri (**Italien**); Prof. Dr. Ernst D. Hirsch Ballin (**Niederlande**); Dr. Georges Holleaux (**Frankreich**); Prof. Dr. Heinrich Hubmann (**Deutschland**); Prof. Dr. Masaakira Katsumoto (**Japan**); Vojislav Kostić (**Jugoslawien**); Prälat Prof. Dr. Johannes Overath (**Deutschland**); Dr. Heinrich Prettenhofer (**Österreich**); Prof. Dr. Leonardo Prieto-Castro (**Spanien**); Rechtsanwalt Stanley Rothenberg (**USA**); Prof. Dr. Hans Sittner (**Österreich**).

BEIRAT

Conseil d'administration — Administrative Council

Junta consultiva — Consiglio

Australien: Thomas S. Woodbrigde; **Belgien:** Frans van Isacker; **Bulgarien:** Mihail Jordanov Leonarditch; **CSSR:** Dr. Jiří Novotný; **Dänemark:** Prof. Dr. Mogens Koktvedgaard; **Deutschland:** Prof. Werner Egk; **Finnland:** Präsident Dr. Y. J. Hakulinen; **Frankreich:** Henri Boursigot, Dr. François Kallmann; **Griechenland:** Prof. Dr. Alexander Ligeropoulos; **Großbritannien:** Stanley J. Rubinstein; **Israel:** Dr. Alfred Frankenstein; **Italien:** Prof. Dr. Mario Fabiani; **Japan:** Prof. Dr. Masaakira Katsumoto; **Jugoslawien:** Prof. Dr. Vojislav Spaič; **Luxemburg:** Prof. Dr. Jean-Pierre Schmit; **Marokko:** Abderrahim H'ssain; **Mexiko:** German Fernandez del Castillo; **Niederlande:** Prof. Dr. Ernst D. Hirsch Ballin; **Norwegen:** Knut Tvedt; **Österreich:** Prof. Dr. Gerhard Frotz; **Schweiz:** Dr. J. A. Saladin; **Spanien:** Prof. Dr. Victor Fairén Guillén; **USA:** Dr. Rudolf Callmann; **Vatikanstadt:** Mons. Dr. Karl-Joseph Rauber.

INTERNATIONALE
GESELLSCHAFT FÜR URHEBERRECHT E.V.
SCHRIFTENREIHE

BAND 51

Reversionary Interests in English Copyrights
Heimfallansprüche auf englische Urheberrechte

E. P. Skone James

VERLAG FRANZ VAHLEN GMBH
MÜNCHEN

ISBN 3 8006 0301 2

Satz und Druck: Christian Wilk, 1 Berlin 30

Contents

Nature of Reversionary Rights 11

Where the proviso applied 13

Effect of proviso 16

Reason for proviso 16

Position after expiration of prescribed period 17

Conclusions 21

Nature of Reversionary Rights

The reversionary interests referred to in the title to this article arise under the provisions of the proviso to Section 5 (2) of the English Copyright Act 1911 ("the 1911 Act"). The construction and effect of this proviso give rise to considerable difficulties but, as yet, there are no authorities, that is decisions of the Courts, bearing directly thereon.

Under such proviso, where an author was the first owner of the copyright in the work concerned, no assignment of such copyright or grant of any interest therein by way of licence made by him after "the passing" of the 1911 Act could operate to vest in the assignee or grantee any rights with respect to such copyright beyond the expiration of 25 years from the death of the author; the reversionary interest in the copyright expectant on the termination of that period devolving, on the author's death, on his legal personal representatives as part of his estate.

Further, to ensure that the author could not prevent such devolution taking place, it was provided that such devolution should occur notwithstanding any agreement to the contrary and that any agreement entered into by the author as to the disposition of his reversionary interest should be null and void. On the other hand it was expressly provided that the proviso did not apply to a disposition by the author by his Will, nor to an assignment of the copyright in a collective work nor to a licence to publish a work or part of a work as part of a collective work. An assessment passes ownership of copyright but a licence merely makes lawful what would otherwise have been unlawful.

A "collective work" was defined by Section 35 (1) of the 1911 Act as meaning (a) an encyclopaedia, dictionary, year book or similar work (b) a newspaper, review, magazine or similar periodical and (c) any work written in distinct parts by different authors or in which works or parts of works of different authors are incorporated. This is by way of contrast with a "work of joint authorship" which, under the 1911 Act, meant a work produced by the collaboration of 2 or more authors in which the contribution of one author is not distinct from the contribution of the other author or authors; Section 16 (3). The Copyright Act 1956 ("the 1956 Act"), which repealed most of the 1911 Act, contains a similar definition of joint work, but no definition of a "collective work"; Section 11 (3). Nevertheless, under English law, where there is a "collective work" there can be a copyright in the collective work as such, and separate copyrights in each of the contributions thereto for instance. The result of the second exception is therefore that an author of a collective work as such could assign his copyright therein for the full term and the author of a contribution for inclusion in such work could grant a licence to publish the whole or part therein for the full term, but the latter could not effectively assign the copyright in his contribution or grant any other licence for longer than his life and 25 years.

This second exception could cause difficulty in the case of "works" such as songs. Thus, under English law, there will be 2 copyrights at least in a song, one in the music as a musical work and one in the words as a literary work. However, although the words and music may have been "blended" together by someone to make one "work", that is the song, it is doubtful whether the song, as such, would be entitled to a separate copyright as a collective work; but see *Massine v. de Basil* McG. Cop. Cas. 1936—45 223. If it were possible, then the odd result would be that the author of the song, that is the person who "blended" the words and music together, could assign the copyright in the song, that is words and music together, for the full term of copyright, but the authors of the individual parts, that is words and music, could not, the only full term disposition which the latter could make being a licence to publish their works as part of the song.

Where the proviso applied

The proviso applied as a matter of law, so that no step was needed or needs to be taken to claim any reversionary interests arising thereunder. On the other hand the proviso only applied (subject to the express exceptions) in the following circumstances:

(i) *If copyright subsisted in the work in question.* In this connection various matters have to be borne in mind. First, the term of copyright prior to the 1911 Act in many works was shorter than that under the 1911 Act. For instance, that for books published in the lifetime of the author was the life of the author and 7 years or 42 years from publication whichever period was the longer whereas, under the 1911 Act, it was the life of the author and 50 years. But works in existence at the commencement of the 1911 Act did not become entitled to the new extended term unless they were then in copyright. Secondly, basically, the 1911 Act and the 1956 Act are designed to protect British works, that is works written by British subjects or works first published in the United Kingdom although a large measure of protection has been and is afforded to foreign works, that is works of foreign nationals or works first published abroad. However the conditions for subsistence of English copyright in foreign works vary depending, for instance, on nationality of author, date created, date published, place of first publication, whether there was simultaneous publication, whether the foreign country concerned is a member of the Berne and/or Universal Copyright Conventions and so on. Thus, by way of example, many works first published in America before 27th September 1957 will not be entitled to English copyright unless, for instance, simultaneously published in this country.

(ii) *If the author was the first owner of the copyright.* This was normally the case. However, the 1911 Act contained certain provisions under which the copyright in the work would automatically belong to someone else; Section 5 (1). For instance, where the author was employed by someone under a contract of service or apprenticeship and the work was made in the course of his employment by that person, the employer was automatically entitled to the copyright in the work, subject to any agreement to the contrary. Therefore, in such a case, the first owner, that is the employer, would not be bound by the proviso and could assign or licence for the full term.

(iii) *If the work was created before the 1st June 1957.* Thus the proviso applied to all works, whether created before or after the passing of the 1911 Act and, therefore, affected all works created up to the commencement of the 1956 Act, that is the 1st June 1957.

(iv) *If the assignment or licence was made after 1st July 1912 and before 1st June 1957.* That is to say the proviso only applied to assignments or licences in respect of such works made after the commencement of the 1911 Act, that is 1st July 1912. This is because, notwithstanding that the proviso referred to assignments and licences made after "the passing of this Act", that is 16th December 1911, the position as to assignments and licences made up to the commencement of that Act, on 1st July 1912, was dealt with by Section 24 of the 1911 Act; *Coleridge-Taylor v. Novello & Co. Ltd.* 1938 Ch. 850. Further, although the effect of the proviso is continued by the 1956 Act it is only in relation to assignments and licences made before the commencement of the 1956 Act, that is the 1st June 1957; paragraph 28, 7th Schedule of the 1956 Act. Thus it is permissible for an author to make an assignment or grant a licence after the commencement of the 1956 Act, for the full term of copyright, even if he wrote the book before such commencement, but a pre-1956 Act assignment or licence will remain subject to the proviso.

(v) *If the assignment or licence was made by the author.* Not, therefore, if made by his personal representatives.

(vi) *If the assignment or licence was made for a period longer than the life of the author and 25 years.*

(vii) *If the term of copyright was calculated in relation to the life of the author.* This is to say the proviso limited assignments and licences to a period expiring 25 years after the death of the author and, as has been mentioned, the normal period of copyright in, for instance, a book published in the lifetime of the author, was the life of the author and 50 years.

Difficulty arises, however, in two cases. Thus, in the case of a literary work which had not been published or, in the case of a dramatic or musical work, which had not been performed in public, before the author's death, copyright subsisted until publication or performance whichever should first happen and 50 years thereafter; Section 17 (1) of the 1911 Act. The period of protection in such a work was, therefore, related, not to the author's death, but to publication or performance. It would seem surprising, however, if, say, an author assigned the copyright in his book for the full term of copyright and died before publication, that the proviso should not apply because of the different term of copyright which then became applicable. But if, say, the book was not published until 10 years after his death, the term of copyright would expire 60 years after his death, rather than 50 years thereafter if it had been published in his lifetime. If, therefore, the proviso does apply, so that the assignment comes to an end 25 years after the author's death, the reversionary period would be 35 years rather than 25 years.

The second case raises a somewhat similar point connected with records referred to as records, perforated rolls and other contrivances by means of which sounds could be mechanically reproduced, and photographs under Sections 19 and 21 of the 1911 Act. Thus, in the case of records, the 1911 Act provided that the term of copyright should be 50 years from the making of the original plate from which the contrivance was directly or indirectly derived and, in the case of photographs, that the term of copyright should be 50 years from the making of the original negative from which the photograph was directly or indirectly derived. Thus neither term is related to the author's death. It was further provided, in relation to records, that the person who was the owner of such original plate at the time when such plate was made was to be deemed the author of the work and could be a body corporate and, in relation to photographs, that the person who was the owner of such negative at the time when such negative was made was to be deemed the author of the work and could be a body corporate. If the author of a record or photograph could be a body corporate it seems rather surprising that, if not a body corporate, the author should be prevented from assigning or licensing for the full term of copyright since it is clear that the proviso can only apply to human being authors.

Effect of proviso

If the proviso applies then, on the author's death, the reversionary interest in the copyright expectant on the termination of the prescribed period (that is life of the author and 25 years) devolves on his legal personal representatives as part of his estate. Since English copyright forms part of an author's English estate and devolves on his English personal representatives, the personal representatives referred to in the proviso upon whom the author's reversionary interests will devolve, must be the author's English personal representatives. This has considerable significance, particularly from the point of view of exploitation and enforcement of such interests. Thus, although most English authors will have English personal representatives, many foreign authors may not because such authors may have had no other English estate and their foreign representatives may have been unaware of the existence of such author's English reversionary interests. However, to enable these interests to be dealt with and enforced it will be necessary for a grant to be taken out to the author's English estate with English personal representatives being appointed. On the other hand, if this is done it may well give rise to a claim to English Estate Duty on the author's English estate, that is his reversionary interests and so on.

Reason for proviso

Before considering the period after the expiration of the prescribed period it is interesting to note the reason for the insertion of the proviso into the 1911 Act. The object of the proviso was to prevent an author from depriving his family of the benefit of his copyrights by making improvident contracts during his lifetime. In fact the proviso could have been of limited value since, under Section 3 of the 1911 Act, at any time after the expiration of 25 years or, in the case of a pre-1911 Act work, 30 years, from the death of the author of a published work anyone could, in effect, obtain a compulsory licence to reproduce for sale (but not, for instance, to perform) on giving the prescribed notice and paying royalties. That being so, whoever was entitled to the reversionary interests would, in effect, not be able to grant exclusive rights to anyone in respect of reproduction for sale, in any event. It is to be noted, however, that, as has been mentioned, although the proviso has been preserved in respect of pre-1956 Act assignments and licences, Section 3 of the 1911 Act has been repealed by the 1956 Act except where the prescribed notice has been given before such repeal; para. 9, 7th Schedule of the 1956 Act.

Position after expiration of prescribed period

The most interesting and difficult questions relate to the period after the expiration of the prescribed period, that is the life of the author and 25 years, where the proviso applies. It is to be borne in mind, at the start, that under both the 1911 Act and the 1956 Act it is an infringement of copyright to do one of the prescribed acts without the licence of the copyright owner. If, therefore, a person is the owner of the copyright, or the relevant part thereof, by reason of an assignment, he cannot infringe by exercising the rights concerned. Again, if a person has been granted a licence in respect of the copyright, or part thereof, he cannot infringe by exercising the rights licensed.

Prima facie, therefore, since an assignment or licence caught by the proviso terminates at the end of the prescribed period, anything done by the assignee or licensee thereafter must be an infringement of copyright unless the personal representatives or other owner of the reversionary interest makes an assignment in his favour or grants him a licence. However, in many cases, in particular where foreign authors are involved, it very often happens that the parties are ignorant of the existence and effect of the proviso, so that the situation existing prior to the expiry of the prescribed period is continued thereafter as if nothing had changed. That is to say, for instance, a publisher will continue publishing and paying royalties to the author's personal representatives and the author's personal representatives will accept such royalties as if the previous assignment or a licence still subsisted.

What then is the position where this happens? This is a difficult question to answer and, if it was necessary to consider the position if this situation had arisen at some time before the commencement of the 1956 Act, the question would have been even more difficult to answer. This is because, under the 1911 Act, all licences had to be in writing whereas, under the 1956 Act, this is only necessary in respect of exclusive licences. Therefore non-exclusive licences may now be made orally and can even be implied from the conduct of the parties. It is, however, probably unnecessary to consider what would have been the answer to this question if this situation had arisen at some time before the commencement of the 1956 Act since any action now, in any event, in respect of what took place then, or consequent upon what took place then, may well be statute barred.

However even the answer to the question where this situation has arisen after the commencement of the 1956 Act is not an easy one. Thus, as has been mentioned, since the commencement of the 1956 Act non-exclusive licences may be made orally or implied from conduct. In the situation envisaged, that is a publisher continuing to publish and paying royalties and the royalties being accepted, it might well be said that a licence was to be implied by reason of the conduct of the parties. If so, that could be a complete defence to proceedings for infringement. But it seems unlikely that a licence can be implied unless the licensor was aware of the fact that he had rights that he could licence, and the situation envisaged assumes that the parties are ignorant of the existence and effect of the proviso. Assuming the personal representatives of the author, for instance, are so ignorant, how can they be said to have impliedly granted a licence in respect of rights they did not know they had? Again, assuming a licence is to be implied, what are its terms? No doubt this would depend upon the terms of the previous assignment or licence and on the conduct of the parties. More particularly what is the term of any such implied licence? Is it for the residue of the term of copyright, or some shorter and, if so, what period? In any event, is the implied licence revocable and, if so, on what notice? Implied licences may be revocable depending on their terms, in particular on any terms as to revocation and as to the duration thereof, that is whether for a fixed period or for a period of uncertain duration. If revocable otherwise than by a notice of a particular length, then revocation may be by reasonable notice. What is reasonable notice will depend on all the facts of the case; see *Dorling v. Honnor Marine Ltd.* 1964 Ch. 560.

If no licence is to be implied, what then? Conceivably the situation envisaged, that is publisher continuing to publish and paying royalties and the royalties being accepted, may give rise to some form of estoppel, that is to say the personal representatives of the author, for instance, are, by their conduct, estopped from denying the right of the publisher to continue publishing. If so, that again could be a complete defence to proceedings for infringement. But can there be any estoppel if the personal representatives are ignorant of their rights; see *Willmott v. Barber* 1880 15 Ch. D. 96 and *Eaton v. Lake* 1888 20 Q. B. D. 378, but see *Holder v. Holder* 1968 Ch. 553? Further, if there is an estoppel, can the estoppel be terminated? In some cases no doubt it can, by reasonable notice, unless it is impossible for the person relying on the estoppel to be put back into his former position; see *Tool Metal Manufacturing Co. Ltd. v. Tungsten Electric Co. Ltd.* 1955 72 R. P. C. 209, *Ajayi v. R. T. Briscoe (Nigeria) Ltd.* 1964 1 W. L. R. 1326 and *W. J. Alan & Co. Ltd. v. El Nasr Export and Import Co.* 1972 2 Q. B. 189.

If there is no implied licence or estoppel what is the position? The prima facie answer would appear to be that all acts done by the previous assignee or licensee are infringements, actionable at the suit of the personal representatives of the author, without any defence. However, even then, there are still two matters that have to be borne in mind. The first, which is relevant to proceedings generally, is that there is now a limitation period of 6 years in respect of actions for infringement of copyright and for actions for conversion; see Section 10 of the 1911 Act and Section 18 and paragraphs 20 and 21, 7th Schedule of the 1956 Act. Conversion is relevant since, under English law, where copyright has been infringed, the copyright owner is entitled to bring proceedings both for the infringement and for conversion, the proceedings for conversion relating to the infringing copies of his work made by the Defendant which are deemed to belong to the copyright owner and in respect of which he can get an order for delivery up and damages for conversion if, for instance, such copies have been sold. Secondly, the Defendant in any such proceedings may allege acquiescence as an element in laches by the Plaintiff which, if established, could disentitle the Plaintiff at least to the equitable remedies such as an injunction, though not to damages. But again, it is difficult to see how a Plaintiff can have acquiesced in such a way as to prevent him being entitled to his remedies in the circumstances contemplated. That is to say where, although the Plaintiff is clearly aware of the Defendant's activities and has "acquiesced" in them by accepting royalties and so on, the Plaintiff was not aware that he had any right to object; see *Marker v. Marker* 1851 9 Hare 1, *Armstrong v. Sheppherd & Short Ltd.* 1959 2 Q.B. 384, *Cluett Peabody & Co. Ltd. v. McIntyre Hogg Marsh & Co. Ltd.* 1958 R.P.C. 335, but see *Vine Products Ltd. v. Mackenzie & Co. Ltd.* 1969 R.P.C. 1.

Finally, assuming successful infringement proceedings are brought by the personal representatives of the author and damages awarded, without doubt any monies paid to the personal representatives by way of royalties or otherwise in respect of the "infringement period" would have to be taken into account although these may not necessarily amount to the total damages which could be awarded.

A further difficulty from the point of view of personal representatives, until at least there is some authority as to what is the position at the end of the prescribed period where the proviso applies, is that, if they give notice to determine any implied licence or estoppel then, by doing so, they may be held to be acknowledging the existence thereof when, in fact, none does exist. It should be noted that normally, where a licence comes to an end, the publisher is entitled to sell stock in hand at the end of the licence provided he has not manufactured in excess of the numbers permitted by his licence; *Howitt v. Hall* 1862 6 L. T. 348. No doubt similar considerations would apply when an assignment comes to an end.

Conclusions

In conclusion it will be seen that there are a large number of questions requiring answers from the Courts as to the construction of the proviso and, where the proviso applies, as to what is the position at the end of the prescribed period. The latter possibly presents more difficulty than the former as the latter must depend, in any particular case, on the facts of such case as interpreted, if necessary, by the Courts. However the problem would appear to be mainly that of the personal representatives of the authors since, no doubt, the previous assignees or licensees will be content to let the position remain as before.

Heimfallansprüche auf englische Urheberrechte

E. P. Skone James

Übersetzt von A. v. d. Osten-Sacken, Waldkraiburg

Inhaltsangabe

Art der Heimfallansprüche 27

Unter welchen Voraussetzungen kam die Vorbehaltsklausel zur Geltung 29

Wirkung der Vorbehaltsklausel 33

Gründe der Vorbehaltsklausel 34

Lage nach Ablauf der gesetzlichen Frist 35

Schlußfolgerungen 39

Art der Heimfallansprüche

Die in dem Titel dieses Artikels genannten Heimfallansprüche entstehen nach den Bestimmungen der Vorbehaltsklausel zu Artikel 5 (2) des englischen „Copyright Act 1911" (im folgenden kurz „das Gesetz von 1911" genannt). Obwohl die Auslegung und Wirkung dieser Vorbehaltsklausel zu großen Schwierigkeiten geführt hat, gibt es bis heute keine sich darauf unmittelbar beziehende Rechtssprechung.

Nach Maßgabe dieser Vorbehaltsklausel konnte, sofern der Urheber Erstinhaber des Urheberrechts an einem Werk war, keine Übertragung eines derartigen Urheberrechts oder Einräumung eines Rechtes an demselben im Wege der Lizenz, die von ihm nach „Verabschiedung" des Gesetzes von 1911 vorgenommen wurde, in der Person des Rechtsnachfolgers oder Lizenznehmers irgendwelche Rechte im Hinblick auf das betreffende Urheberrecht über den Ablauf von 25 Jahren hinaus nach dem Tode des Urhebers begründen und war der Anspruch auf Heimfall des Urheberrechts nach Ablauf dieser Frist beim Tode des Urhebers auf dessen Erben bzw. Nachlaßverwalter als Bestandteil seines Nachlasses übergegangen.

Des weiteren war zur Sicherstellung, daß der Urheber diesen Übergang nicht verhindern konnte, vorgesehen, daß dieser Übergang unbeschadet aller dementgegenstehender Vereinbarungen stattfindet und daß alle durch den Urheber bezüglich der Verfügung über seinen Heimfallanspruch getroffenen Vereinbarungen null und nichtig sind. Andererseits jedoch war ausdrücklich vorgesehen, daß sich die Gültigkeit der Vorbehaltsklausel nicht auf eine Verfügung des Urhebers von Todes wegen oder auf eine Übertragung des Urheberrechtes an einem Sammelwerk oder auf eine Lizenz zur Veröffentlichung eines Werkes oder des Teiles eines Werkes als Bestandteil eines Sammelwerkes erstrecken solle. Durch eine Übertragung geht das Eigentum an dem Urheberrecht über, während eine Lizenz nur Handlungen zuläßt, die ansonsten unzulässig wären.

Nach Maßgabe der Begriffsbestimmungen in Artikel 35 (1) des Gesetzes von 1911 waren unter dem Begriff „Sammelwerk" zu verstehen (a) Enzyklopädien, Wörterbücher, Jahrbücher oder ähnliche Werke, (b) Zeitungen, Zeitschriften, Magazine oder ähnliche periodische Druckwerke und (c) alle Werke, die in getrennten Teilen von verschiedenen Urhebern geschrieben oder in denen Werke oder Teile von Werken verschiedener Urheber enthalten sind. Dies ist ein Gegensatz zu einem „Gemeinschaftswerk" unter welchem nach dem Gesetz von 1911 ein Werk zu verstehen war, welches durch die Zusammenarbeit von 2 oder mehr Autoren geschaffen wurde und in welchem der Beitrag des einen Urhebers sich nicht von dem Beitrag des anderen Urhebers oder der anderen Urheber trennen läßt; Artikel 16 (3). Der „Copyright Act 1956" (im folgenden kurz „das Gesetz von 1956" genannt), welcher den größten Teil des Gesetzes von 1911 widerrufen hat, enthält eine ähnliche Begriffsbestimmung des Gemeinschaftswerkes, jedoch keine Definition des Begriffes „Sammelwerk"; Artikel 11 (3). Nichtsdestotrotz kann nach englischem Recht, sofern ein „Sammelwerk" vorliegt, ein Urheberrecht sowohl an dem eigentlichen Sammelwerk wie auch getrennte Urheberrechte an jedem einzelnen Beitrag bestehen. Als Folge der zweiten Ausnahme konnte daher der Urheber des eigentlichen Sammelwerkes sein Urheberrecht an diesem für die ganze Schutzfrist übertragen und konnte der Urheber eines Beitrages zu dem Werk eine Lizenz zur Veröffentlichung des Ganzen oder eines Teiles in demselben für die ganze Schutzfrist erteilen, doch konnte letzterer keine rechtswirksame Übertragung des Urheberrechtes an seinem Beitrag oder eine andere Lizenz für länger als sein Leben und 25 Jahre vornehmen bzw. erteilen.

Diese zweite Ausnahme könnte Schwierigkeiten im Falle von „Werken" wie Liedern verursachen. So bestehen nach englischem Recht mindestens 2 Urheberrechte an einem Lied, zum einen an der Musik als musikalischem Werk und zum anderen an dem Text als einem literarischen Werk. Obwohl jedoch der Text und die Musik von jemandem zur Schaffung eines „Werkes“, d. h. des Liedes, „verschmolzen“ worden sein mögen, erscheint es zweifelhaft, ob das Lied als solches auf ein eigenes Urheberrecht als ein Sammelwerk Anspruch erheben könnte; siehe jedoch *Massine ·/. de Basil* McG. Cop. Cas. 1936-45 223. Wäre dies möglich, so könnte der groteske Fall eintreten, daß der Verfasser des Liedes, d. h. jene Person, welche den Text und die Musik „verschmolzen“ hatte, das Urheberrecht an dem Lied, d. h. dem Text und der Musik zusammen, für die volle Dauer des urheberrechtlichen Schutzes übertragen könnte, die Urheber der einzelnen Bestandteile hingegen, d. h. des Textes und der Musik, nicht dazu in der Lage wären und die einzige Verfügung, welche letztere für die volle Dauer der Schutzfrist treffen könnten, die Vergabe einer Lizenz zur Veröffentlichung ihrer Werke als Bestandteil des Liedes wäre.

Unter welchen Voraussetzungen kam die Vorbehaltsklausel zur Geltung

Die Vorbehaltsklausel kam kraft Gesetzes zur Anwendung, so daß keinerlei Maßnahmen zur Geltendmachung eines nach Maßgabe ihrer Bestimmungen entstandenen Heimfallanspruches erforderlich waren oder erforderlich sind. Andererseits kam die Vorbehaltsklausel jedoch, vorbehaltlich der ausdrücklichen Ausnahmen, nur unter den folgenden Voraussetzungen zur Geltung:

(i) *Sofern an dem betreffenden Werk ein Urheberrecht begründet war.* In diesem Zusammenhang müssen verschiedene Faktoren berücksichtigt werden. Zunächst war die urheberrechtliche Schutzfrist vor dem Gesetz von 1911 an vielen Werken kürzer als die Frist nach Maßgabe des Gesetzes von 1911. So war beispielsweise für Bücher, die während des Lebens des Verfassers veröffentlicht worden waren, das Leben des Verfassers und 7 Jahre danach oder 42 Jahre nach der Veröffentlichung, wobei die jeweils längere der beiden Fristen entscheidend war, maßgebend, während sich die Schutzdauer nach Maßgabe des Gesetzes von 1911 über das Leben des Verfassers und

50 Jahre danach erstreckte. Doch kamen Werke, die bei Inkrafttreten des Gesetzes von 1911 bereits bestanden, nicht in den Genuß der neuen verlängerten Schutzfrist, soweit sie nicht noch urheberrechtlich geschützt waren. Außerdem zielen sowohl das Gesetz von 1911 wie auch das Gesetz von 1956 primär auf den Schutz britischer Werke, d. h. Werke britischer Staatsbürger, und auf Werke ab, deren Erstveröffentlichung im Vereinigten Königreich erfolgte, obwohl ein weitgehender Schutz auch ausländischen Werken, d. h. Werken ausländischer Staatsbürger und Werken, deren Erstveröffentlichung im Ausland erfolgte, gewährt wurde und noch gewährt wird. Doch schwanken die Voraussetzungen für das Bestehen englischen Urheberrechtsschutzes an ausländischen Werken, beispielsweise je nach der Staatsangehörigkeit des Verfassers, dem Tage seiner Schaffung, dem Tage seiner Veröffentlichung, dem Ort seiner Erstveröffentlichung, dem Umstand, ob eine gleichzeitige Veröffentlichung erfolgte, der Frage, ob es sich bei dem betreffenden Staat um ein Verbandsland der Berner Übereinkunft bzw. des Welturheberrechtsabkommens handelt, und desgleichen. So genießen zum Beispiel viele Werke, deren Erstveröffentlichung vor dem 27. September 1957 in Amerika erfolgte, nur dann englischen Urheberrechtsschutz, wenn sie gleichzeitig in diesem Land veröffentlicht wurden.

(ii) *Sofern der Urheber gleichzeitig der erste Inhaber des Urheberrechts war.* Dies war normalerweise der Fall. Doch hatte das Gesetz von 1911 bestimmte Bestimmungen enthalten, nach denen das Urheberrecht an dem Werk einem anderen automatisch zustehen würde; Artikel 5 (1). Sofern der Urheber in einem Dienst- oder Lehrverhältnis bei einem anderen gestanden hat, und das Werk im Rahmen seiner Beschäftigung bei der betreffenden Person geschaffen wurde, stand das Urheberrecht an dem Werk, vorbehaltlich anderer dementgegenstehender Vereinbarungen, automatisch dem Arbeitgeber zu. Daher war in einem derartigen Fall der erste Inhaber, nämlich der Arbeitgeber, nicht an die Vorbehaltsklausel gebunden und konnte für die volle Dauer der Schutzfrist Verfügungen darüber im Wege der Übertragung oder Lizenzerteilung treffen.

(iii) *Sofern das Werk vor dem 1. Juni 1957 geschaffen wurde.* Daher galt die Vorbehaltsklausel für alle Werke, gleich ob diese vor oder nach der Verabschiedung des Gesetzes von 1911 geschaffen wurden und betraf daher alle vor Inkrafttreten des Gesetzes von 1956, nämlich dem 1. Juni 1957, geschaffenen Werke.

(iv) *Sofern die Übertragung oder Lizenzerteilung nach dem 1. Juli 1912 und vor dem 1. Juni 1957 erfolgte.* Das bedeutet, daß sich die Geltung der Vorbehaltsklausel nur auf Übertragungen und Lizenzerteilungen bezüglich derartiger Werke erstreckte, welche nach Inkrafttreten des Gesetzes von 1911, nämlich dem 1. Juli 1912, erfolgten. Dies liegt daran, daß ungeachtet der Bezugnahme in der Vorbehaltsklausel auf Übertragungen und Lizenzerteilungen, die nach „Verabschiedung dieses Gesetzes“, nämlich dem 16. Dezember 1911, erfolgten, die Rechtslage von Übertragungen und Lizenzerteilungen, welche bis zum Inkrafttreten jenes Gesetzes am 1. Juli 1912 erfolgten, durch Artikel 24 des Gesetzes von 1911 geregelt wurde; *Coleridge-Taylor ·/. Novello & Co. Ltd.* 1938 Ch. 850. Des weiteren bezieht sich die verlängerte Rechtswirksamkeit der Vorbehaltsklausel nach Maßgabe des Gesetzes von 1956 nur auf Übertragungen und Lizenzerteilungen, welche vor Inkrafttreten des Gesetzes von 1956, nämlich vor dem 1. Juni 1957, erfolgten; Paragraph 28, Anlage 7 des Gesetzes von 1956. Daher ist ein Urheber berechtigt, nach Inkrafttreten des Gesetzes von 1956 eine Übertragung oder eine Lizenzerteilung vorzunehmen für die volle Dauer der urheberrechtlichen Schutzfrist, auch wenn er das Buch vor Inkrafttreten des Gesetzes geschrieben hat, doch wird eine Übertragung oder Lizenz aus der Zeit vor dem Gesetz von 1956 auch weiterhin der Vorbehaltsklausel unterliegen.

(v) *Sofern die Übertragung oder Lizenzerteilung durch den Verfasser erfolgte.* Nicht daher, falls sie seine Erben oder Nachlaßverwalter vorgenommen haben.

(vi) *Sofern die Übertragung oder Lizenzerteilung für eine Dauer von mehr als dem Leben des Verfassers und 25 Jahre danach erfolgte.*

(vii) *Sofern die Dauer des Urheberrechtsschutzes sich nach dem Leben des Verfassers richtete.* Das bedeutet, daß die Vorbehaltsklausel Übertragungen und Lizenzen auf eine 25 Jahre nach dem Ableben des Verfassers auslaufende Frist beschränkte und, wie bereits ausgeführt, lief beispielsweise der normale Urheberrechtsschutz an einem während des Lebens des Verfassers veröffentlichten Buch für die Dauer des Lebens des Verfassers und 50 Jahre danach.

In zwei Fällen treten jedoch Schwierigkeiten auf. Beispielsweise im Falle eines literarischen Werkes, welches nicht veröffentlicht worden war, oder im Falle eines dramatischen oder musikalischen Werkes, welches nicht öffentlich aufgeführt worden war vor dem Tode des Urhebers, dauerte der urheberrechtliche Schutz bis zu der Veröffentlichung oder der Aufführung, wobei der frühere der beiden Zeitpunkte entscheidend war, und 50 Jahre danach; Artikel 17 (1) des Gesetzes von 1911. Die Dauer des Schutzes eines solchen Werkes bezog sich daher nicht auf den Tod des Urhebers, sondern vielmehr auf den Zeitpunkt seiner Veröffentlichung oder Aufführung. Es wäre daher seltsam, wenn bei einem Verfasser, der das Urheberrecht an seinem Buch für die volle Dauer des Schutzrechtes übertragen hatte und vor der Veröffentlichung verstorben ist, die Vorbehaltsklausel wegen der dadurch bedingten unterschiedlichen Schutzdauer nicht gelten würde. Doch sofern beispielsweise das Buch erst 10 Jahre nach seinem Tode veröffentlicht wird, würde die urheberrechtliche Schutzfrist erst 60 Jahre nach seinem Tode und nicht schon 50 Jahre danach wie im Falle der Veröffentlichung während seines Lebens auslaufen. Sofern daher die Vorbehaltsklausel Geltung hat und folglich die Übertragung 25 Jahre nach dem Tode des Verfassers erlischt, würde die Heimfallfrist 35 und nicht 25 Jahre laufen.

Der zweite Fall wirft eine ähnliche Frage in Verbindung mit Tonträgern (die als Platten, Lochwalzen und andere Vorrichtungen für die mechanische Wiedergabe von Tönen bezeichnet werden) und Lichtbildern nach den Artikeln 19 und 21 des Gesetzes von 1911 auf. So hat im Falle der Tonträger das Gesetz von 1911 vorgesehen, daß die urheberrechtliche Schutzfrist 50 Jahre nach der Herstellung der Originalplatte, von der die Vorrichtung unmittelbar oder mittelbar abgeleitet wurde, und im Falle von Lichtbildern 50 Jahre von der Herstellung des Original-Negatives, von dem das Lichtbild unmittelbar oder mittelbar abgeleitet worden ist, laufen soll. Daher bezog sich weder die eine, noch die andere Frist auf den Tod des Urhebers. Es war des weiteren bezüglich der Tonträger vorgesehen, daß jene Person, die im Zeitpunkt der Herstellung der Originalplatte deren Eigentümer war, als deren Urheber anzusehen sei, und daß es sich dabei auch um eine juristische Person handeln könne, und in bezug auf Lichtbilder, daß jene Person als Urheber des Werkes anzusehen sei, die im Zeitpunkt der Herstellung des betreffenden Negatives dessen Eigentümer gewesen ist, und daß es sich bei dieser Person auch um eine juristische Person handeln könne. Wenn der Urheber eines Tonträgers oder eines Lichtbildes eine juristische Person sein kann, erscheint es recht erstaunlich, daß, falls es sich nicht um eine juristische Person handelt, dem Urheber eine Übertragung oder eine Lizenzerteilung bezüglich des Urheberrechtes für die volle Dauer der Schutzfrist nicht möglich sein sollte, da die Vorbehaltklausel eindeutig nur für Urheber gelten kann, bei denen es sich um natürliche Personen handelt.

Wirkung der Vorbehaltsklausel

Sofern die Vorbehaltsklausel gilt, ging beim Ableben des Urhebers dessen Anspruch auf Heimfall des Urheberrechtes bei Ablauf der gesetzlichen Frist (dem Leben des Urhebers und 25 Jahre danach) auf dessen Erben bzw. Nachlaßverwalter als Bestandteil seines Nachlasses über. Da englisches Urheberrecht einen Bestandteil des englischen Nachlasses des Urhebers bildet und auf dessen englische Erben bzw. Nachlaßverwalter übergeht, muß es sich bei den in der Vorbehaltsklausel genannten Erben bzw. Nachlaßverwaltern, auf welche die Heimfallansprüche des Urhebers übergehen, um die englischen Erben bzw. Nachlaßverwalter des Urhebers handeln. Dies ist von besonderer Bedeutung besonders im Hinblick auf die Verwertung und Wahrnehmung der Rechte und Ansprüche. Zwar haben die meisten englischen Urheber englische Erben bzw. Nachlaßverwalter, doch trifft dies auf viele ausländische Urheber nicht zu, da die betreffenden Urheber unter Umständen keinen anderen englischen Nachlaß haben und den ausländischen Erben bzw. Nachlaßverwaltern diese Heimfallansprüche der betreffenden Urheber auch nicht bekannt sein mögen. Die Wahrnehmung und Geltendmachung dieser Ansprüche kann jedoch die Beantragung einer Nachlaßverwaltung und die Bestellung von englischen Nachlaßverwaltern für den englischen Nachlaß des Urhebers erforderlich machen. Geschieht dies, so kann auf den englischen Nachlaß des Urhebers, nämlich dessen Heimfallansprüche usw., englische Erbschaftssteuer fällig werden.

Gründe der Vorbehaltsklausel

Ehe wir uns der Zeit nach Ablauf der gesetzlichen Frist zuwenden, dürfte eine Untersuchung der Gründe für die Aufnahme der Vorbehaltsklausel in das Gesetz von 1911 von Interesse sein. Die Vorbehaltsklausel zielte darauf ab, den Urheber daran zu hindern, seiner Familie den Nutzen aus seinen Urheberrechten durch Abschluß unbedachter Verträge während seines Lebens zu nehmen. Tatsächlich jedoch konnte die Vorbehaltsklausel nur von begrenztem Wert sein, da nach Maßgabe des Artikels 3 des Gesetzes von 1911 jederzeit nach Ablauf von 25 Jahren oder im Falle eines vor dem Gesetz von 1911 entstandenen Werkes von 30 Jahren nach dem Tode des Urhebers eines veröffentlichten Werkes jedermann eine Zwangslizenz für die Vervielfältigung zum Verkauf, nicht jedoch für die Aufführung, vorbehaltlich der vorgeschriebenen Ankündigung und vorbehaltlich der Zahlung von Lizenzgebühren, erwirken konnte. Aufgrund dieses Tatbestandes konnten die Anspruchsberechtigten aus den Heimfallrechten ohnehin keinem anderen ausschließliche Rechte im Hinblick auf die Vervielfältigung für Verkaufszwecke einräumen. Es muß noch einmal darauf hingewiesen werden, daß, wie bereits ausgeführt, obwohl die Vorbehaltsklausel auch weiterhin bezüglich von Übertragungen und Lizenzen, die vor Inkrafttreten des Gesetzes von 1956 vollzogen wurden, gilt, der Artikel 3 des Gesetzes von 1911 durch das Gesetz von 1956 außer in jenen Fällen widerrufen worden ist, in denen die vorgeschriebene Ankündigung vor dem betreffenden Widerruf ergangen ist; Paragraph 9, Anlage 7 des Gesetzes von 1956.

Lage nach Ablauf der gesetzlichen Frist

Die interessantesten und schwierigsten Fragen beziehen sich auf die Zeit nach Ablauf der gesetzlichen Frist, nämlich dem Leben des Urhebers und 25 Jahre danach, sofern die Vorbehaltsklausel gilt. Ausgangs sei zu bedenken, daß sowohl nach Maßgabe des Gesetzes von 1911 wie auch nach Maßgabe des Gesetzes von 1956 es eine Verletzung des Urheberrechtes darstellt, irgendwelche der aufgeführten Handlungen ohne Zustimmung des Inhabers des Urheberrechtes vorzunehmen. Sofern daher eine Person aufgrund einer Übertragung Inhaber des Urheberrechtes oder des entscheidenden Teiles desselben ist, kann eine Ausübung der betreffenden Rechte keine Verletzungshandlung darstellen. Auch kann eine Person, der bezüglich des Urheberrechtes oder eines Teiles desselben eine Lizenz erteilt worden ist, durch Ausübung des Gegenstand der betreffenden Lizenz bildenden Rechts sich keiner Verletzung des Urheberrechts schuldig machen.

Da bekanntlich eine unter die Bestimmungen der Vorbehaltsklausel fallende Übertragung oder Lizenz mit Auslaufen der gesetzlichen Frist ihre Rechtswirksamkeit verliert, stellt jede im Anschluß daran durch den Begünstigten oder Lizenznehmer vorgenommene Handlung sodann eine Verletzung des Urheberrechts dar, es sei denn die Erben bzw. Nachlaßverwalter oder anderen Inhaber des Heimfallanspruches vollziehen eine Übertragung zu dessen Gunsten oder erteilen diesem eine Lizenz. In vielen Fällen jedoch, besonders wenn es sich um ausländische Urheber handelt, tritt der Fall ein, daß den Parteien das Bestehen und die Wirkung der Vorbehaltsklausel nicht bekannt sind und folglich die vor Ablauf der gesetzlichen Frist bestehende Lage nach wie vor unverändert andauert. Mit anderen Worten, daß beispielsweise ein Verleger mit der Herausgabe eines Buches und der Zahlung von Tantiemen an die Erben bzw. Nachlaßverwalter des Verfassers fortfährt und die Erben bzw. Nachlaßverwalter des Verfassers nehmen diese Tantiemen an, genau als hätten die früheren Übertragungen und Lizenzen nach wie vor ihre Rechtsgültigkeit.

Was ist nun die Rechtslage, wenn diese Voraussetzungen eintreten? Diese Frage läßt sich nur schwer beantworten und ihre Beantwortung wird noch größere Schwierigkeiten bereiten, wenn man die Rechtslage unter der Voraussetzung prüfen müßte, daß diese Lage vor Inkrafttreten des Gesetzes von 1956 eingetreten sei. Dies liegt daran, daß nach Maßgabe des Gesetzes von 1911 für alle Lizenzen die Schriftform vorgeschrieben war, während dies nach den Bestimmungen des Gesetzes von 1956 nur noch bezüglich ausschließlicher Lizenzen der Fall ist. Daher können einfache Lizenzen oder Berechtigungen auch mündlich erteilt und können sogar aus dem Verhalten der Parteien abgeleitet werden. Wahrscheinlich erübrigt sich die Erörterung der Frage, was geschehen wäre, wenn diese Voraussetzungen vor Inkrafttreten des Gesetzes von 1956 eingetreten wären, da alle Ansprüche, die sich auf Handlungen jener Zeit beziehen oder aus solchen abgeleitet werden, auf jeden Fall der Verjährung erlegen wären.

Doch ist auch die Beantwortung der Frage schwierig, sofern diese Voraussetzungen nach Inkrafttreten des Gesetzes von 1956 eingetreten sind. Wie bereits erläutert, können seit Inkrafttreten des Gesetzes von 1956 einfache Lizenzen oder Berechtigungen mündlich erteilt oder aus dem Verhalten abgeleitet werden. Aus den hypothetisch gegebenen Voraussetzungen der andauernden Herausgabe eines Buches durch einen Verleger und der Zahlung sowie der Annahme von Tantiemen ließe sich, so will es scheinen, leicht eine stillschweigende Lizenz aufgrund des Verhaltens der Parteien vermuten. Dies würde zur Abwehr jeder Verletzungsklage voll ausreichen. Doch würde die Vermutung einer stillschweigenden Lizenz kaum gerechtfertigt erscheinen, soweit dem Lizenzgeber das ihm zustehende Recht zur Erteilung einer Lizenz nicht bekannt gewesen ist, und die vorgegebene Lage geht ja von der mutmaßlichen Unwissenheit der Parteien über das Bestehen und die Wirkung der Vorbehaltsklausel aus. Nehmen wir einmal an, daß die Erben bzw. Nachlaßverwalter des Urhebers in dieser Hinsicht unwissend sind, so müssen wir uns doch fragen, wie man diesen eine stillschweigende Zustimmung bezüglich von Rechten unterstellen kann, deren Bestehen ihnen unbekannt war? Auch wenn wir hypothetisch von der Vermutung einer stillschweigenden Lizenz ausgehen würden, so müßten wir doch die Frage nach deren Bedingungen stellen. Natürlich würden diese von den Bedingungen der früheren Übertragung oder Lizenz und von dem Verhalten der Parteien abhängen. Im besonderen wäre die Frage der Dauer einer derartigen stillschweigenden Lizenz von entscheidender Bedeutung. Soll sie für den ganzen Rest der urheberrechtlichen Schutzfrist oder für eine kürzere Frist gelten und, falls letzteres der Fall ist, für welche Zeitspanne? Auch muß man sich hier die Frage der Widerrufbarkeit und der Kündigungsfrist der stillschweigenden Lizenz stellen. Die Widerrufbarkeit stillschweigender Lizenzen hängt von ihren Bedingungen, im besonderen möglichen Bedingungen bezüglich des Widerrufes und ihrer Dauer ab, nämlich davon, ob sie für eine bestimmte Zeit oder unbefristet erteilt worden sind. Ist ein Widerruf ohne eine bestimmte Kündigung vorgesehen, so kann die Lizenz vorbehaltlich einer angemessenen Kündigung widerrufen werden. Die Länge einer angemessenen Kündigung hängt von allen Umständen des betreffenden Falles ab; siehe *Dorling ·/. Honnor Marine Ltd.* 1964 Ch. 560.

Was ist aber die Rechtslage, wenn die Vermutung einer stillschweigenden Lizenz nicht begründet ist? Es wäre denkbar, daß unter den Voraussetzungen unseres hypothetischen Falles der fortdauernden Herausgabe durch einen Verleger und der Zahlung und Annahme von Tantiemen eine Art der Prozeßbehinderung gegeben ist, nämlich, daß die Erben bzw. Nachlaßverwalter des Urhebers aufgrund ihres Verhaltens rechtlich daran gehindert sind, das Recht des Verlegers auf fortdauernde Veröffentlichung des Werkes anzufechten. Auch dies würde zur Abwehr einer Verletzungsklage voll ausreichen. Kann man jedoch von einer Rechtsbehinderung ausgehen, wenn den Erben bzw. Nachlaßverwaltern ihre Rechte nicht bekannt waren? (Siehe *Willmott ·/. Barber* 1880 15 Ch. D. 96 und *Eaton ·/. Lake* 1888 20 Q.B.D. 378, jedoch auch *Holder ·/. Holder* 1968 Ch. 553). Auch muß man sich fragen, ob der Rechtsbehinderung ein Ende gesetzt werden kann. In manchen Fällen mag dies vorbehaltlich einer angemessenen Ankündigung möglich sein, sofern es nicht unmöglich ist, die sich auf die Rechtsbehinderung stützende Person in ihren früheren Stand zurückzuversetzen; siehe *Tool Metal Manufacturing Co. Ltd.* ·/. *Tungsten Electric Co. Ltd.* 1955 72 R. P. C. 209, *Ajayi* ·/. *R. T. Briscoe (Nigeria) Ltd.* 1964 1 W. L. R. 1326 und *W. J. Alan & Co. Ltd.* ·/. *El Nasr Export & Import Co.* 1972 2 Q. B. 189.

Was ist hingegen die Lage, wenn weder die Voraussetzungen einer stillschweigenden Lizenz noch die einer Rechtsbehinderung gegeben sind? Die naheliegende Antwort wäre, daß alle Handlungen des früheren Begünstigten oder Lizenznehmers Verletzungshandlungen darstellen, die gegenüber den Erben bzw. Nachlaßverwaltern ohne mögliche Einrede eine Schadenersatzpflicht begründen. Doch auch unter diesen Voraussetzungen müssen zwei Faktoren berücksichtigt werden. Zunächst ist zu bedenken, daß allgemein verfahrensrechtlich gesehen alle sich auf Urheberrechtsverletzungen und widerrechtliche Aneignung beziehenden Ansprüche jetzt nach 6 Jahren verjähren; siehe Artikel 10 des Gesetzes von 1911 und Artikel 18 sowie die Paragraphen 20 und 21 der Anlage 7 des Gesetzes von 1956. Widerrechtliche Aneignung ist von Bedeutung, da nach englischem Recht bei einer Urheberrechtsverletzung der Inhaber des Urheberrechtes seine Ansprüche sowohl wegen der Verletzungshandlung als auch wegen widerrechtlicher Aneignung geltend machen kann, wobei sich die Ansprüche aus widerrechtlicher Aneignung auf die von dem Beklagten hergestellten Verletzungsstücke des Werkes beziehen, welche als Eigentum des Inhabers des Urheberrechtes angesehen werden und hinsichtlich derer er ein Herausgabeurteil erwirken und im Falle ihres bereits erfolgten Verkaufes Schadensersatz aus widerrechtlicher Aneignung fordern kann. Als zweites wäre zu berücksichtigen, daß dem Beklagten in einem derartigen Verfahren die Möglichkeit der Einrede gegeben ist, der Kläger habe durch sein Versäumnis rechtzeitiger Geltendmachung seines Anspruches seine stillschweigende Einwilligung gegeben, wodurch, falls der Beklagte damit durchdringt, dem Kläger zwar das Recht auf billigkeitsrechtliche Abhilfe, wie Unterlassungsurteil, verschlossen, nicht aber sein Anspruch auf Schadensersatz verwirkt wäre. Doch auch hier erscheint es zweifelhaft, ob man unter den gegebenen Voraussetzungen dem Kläger eine stillschweigende Einwilligung unterstellen könnte, die ihn seiner Rechtsansprüche berauben würde. Hier beziehen wir uns auf den Fall, in dem der Kläger trotz unbestrittener Kenntnis der Handlungen des Beklagten und seiner „stillschweigenden Einwilligung“ in dieselben durch Annahme der Tantiemenzahlungen und desgleichen von seinem Recht auf Unterbindung der Handlungen keine Kenntnis hatte; siehe *Marker ·/. Marker* 1851 9 Hare 1, *Armstrong ·/. Sheppherd & Short Ltd.* 1959 2 Q. B. 384, *Cluett Peabody & Co. Ltd. ·/. McIntyre Hogg Marsh & Co. Ltd.* 1958 R. P. C. 335, jedoch auch *Vine Products Ltd. ·/. Mackenzie & Co. Ltd.* 1969 R. P. C. 1.

Schließlich ist zu berücksichtigen, daß bei einer erfolgreichen Urheberrechtsverletzungsklage durch die Erben bzw. Nachlaßverwalter des Urhebers mit der Zuerkennung von Schadenersatz die den Erben bzw. Nachlaßverwaltern im Wege der Tantiemen oder sonstwie während der „Verletzungszeit“ gezahlten Beträge zu berücksichtigen wären, obwohl diese nicht unbedingt den Gesamtbetrag des zuerkannten Schadenersatzes darstellen müssen.

Eine weitere sich vom Standpunkt der Erben bzw. Nachlaßverwalter ergebende Schwierigkeit besteht, zumindest bis die Rechtssprechung die Rechtslage am Ende der gesetzlichen Frist bei Geltung der Vorbehaltsklausel festgelegt hat, darin, daß diese durch Widerruf der stillschweigenden Lizenz oder der Rechtsbehinderung diese möglicherweise nachträglich bestätigt, obwohl diese tatsächlich nicht bestanden hat. Es wäre darauf hinzuweisen, daß unter normalen Umständen bei Ablauf einer Lizenz der Verleger berechtigt ist, seine am Ende der Lizenz vorhandenen Lagerbestände zu veräußern, soweit seine Produktion die aufgrund der Lizenz zulässigen Stückzahlen nicht überschritten hat; *Howitt ·/. Hall* 1862 6 L. T. 348. Zweifelsohne würden ähnliche Überlegungen bei Beendigung einer Übertragung gelten.

Schlußfolgerungen

Zusammenfassend läßt sich sagen, daß eine große Anzahl Fragen einer Entscheidung der Gerichte bezüglich der Auslegung der Vorbehaltsklausel und, sofern die Vorbehaltsklausel gilt, bezüglich der Rechtslage am Ende der gesetzlichen Frist harrt. Bei der Entscheidung letzterer Frage dürften größere Schwierigkeiten auftreten als bei der ersteren, da letztere in jedem besonderen Fall ggf. von der Auslegung des Sachverhaltes durch die Gerichte abhängt. Das Problem ist jedoch hauptsächlich eines der Erben bzw. Nachlaßverwalter der Urheber, da die früheren Begünstigten und Lizenznehmer ohne Zweifel mit der bestehenden Rechtslage zufrieden sein dürften.

21 Dr. Erich Schulze: Le Conseil de l'Europe et le Droit d'Auteur — The Council of Europe and the Author's Right — 80 S. DM 10,50.

22 Dr. Erich Schulze: Liberalisierung und Urheberrecht — Libéralisation et droit d'auteur — 64 S. DM 8,—.

23 Charta des Urheberrechts in japanischer, koreanischer, arabischer und chinesischer Sprache — 64 S. DM 16,—.

24 Prof. Dr. Werner Weber: Urheberrecht und Verfassung — 34 S. DM 4,50.

25 Vorträge zum Urheberrecht — Lectures on Copyright — Conférences sur le Droit d'Auteur. Gehalten a. d. IV. Intern. Kongr. f. Kirchenmusik, Köln 1961 — 56 S. DM 9,—.

26 Prof. Dr. Heinrich Hubmann: Das Filmrecht des deutschen Regierungsentwurfs — Prof. Dr. Vojislav Spaić: Das Urheberrecht und der Film — 76 S. DM 7,50.

27 Dr. Friedrich Karl Fromm: Grenzen der Kritik — ein Beitrag zum allgemeinen Persönlichkeitsrecht der Künstler — 68 S. DM 7,50.

28 Prof. Dr. Ernst J. Cohn, Ph. D., London: Die angrenzenden Rechte im englischen Recht — 92 S. DM 10,50.

29 Prof. Dr. Helmut Ridder: Freiheit der Kunst nach dem Grundgesetz — 92 S. DM 12,—.

30 Prof. Dr. Dr. Dr. Gustav Ermecke: Die soziale Bedeutung des geistigen Eigentums — 120 S. DM 16,—.

31 Dr. Hermann Riedel: Naturrecht, Grundrecht, Urheberrecht — 60 S. DM 7,50.

32 Prof. Dr. Helmut Ridder: Verfassungsrechtliche Probleme der gesetzlichen Regelung von Verwertungsgesellschaften auf dem Gebiet des künstlerischen Urheberrechts — 40 S. DM 6,—.

33 Charta des Urheberrechts in russischer und polnischer Sprache mit der französischen Originalfassung und dem deutschen Text — 42 S. DM 7,—.

34 Dr. Fried Wunsiedler: Urheberrechtsreform im Spannungsfeld von Recht - Kultur - Ethik — 116 S. DM 12,50.

35 Prof. Dr. Ernst D. Hirsch Ballin: Zum Rom-Abkommen vom 26. Oktober 1961, zugleich ein Beitrag zur Urheberrechtsreform — 32 S. DM 5,—.

36 Dr. Erich Schulze: Die bevorstehende Revisionskonferenz in Stockholm 1967 — The forthcoming Stockholm Revision Conference 1967 — La prochaine Conférence de Revision à Stockholm 1967 — 299 S. DM 32,—.

37 Prof. Dr. Dr. Karl Gustav Fellerer: Bearbeitung und Elektronik als musikalisches Problem im Urheberrecht — Elaborazione e Elettronica come proplema musicale nel Diritto di Autore — Prof. Dr. Mario Fabiani: Der rechtliche Schutz am musikalischen Werk — La Protezione Giuridica dell'Opera Musicale — 104 S. DM 12,—.

38 Gideon Roos: Copyright Bill of the Republic of South Africa 1963 — 145 S. DM 20,—.

39 Dr. Erich Schulze: Stockholmer Konferenz für Geistiges Eigentum 1967 — Conférence de Stockholm de la Propriété Intellectuelle 1967 — Intellectual Property Conference of Stockholm 1967 — 301 S. DM 38,—.

40 Dr. Robert Dittrich: Die Stockholmer Fassung der Berner Ubereinkunft — 68 S. DM 7,50.

41 Dr. Erich Schulze: Die urheberrechtliche Wende in der Sowjetunion — L'Union Soviétique — un tournant de sa Législation sur le Droit d'Auteur — The Turning-Point in the Copyright Law of the Soviet Union — Vojislav Kostić: Das neue jugoslawische Urheberrechtsgesetz — Novi jugoslovenski zakon o autorskom pravu — 48 S. DM 7,50.

42 Dr. Demetrius Oekonomidis: Die Zitierfreiheit im Recht Deutschlands, Frankreichs und der Vereinigten Staaten — 286 S. DM 40,—.

43 Prof. Dr. Gino Galtieri: Il Regime amministrativo del Diritto di Autore in Italia — Le Régime administratif du Droit d'Auteur en Italie — 101 S. DM 18,—.

44 Dr. Erich Schulze: Förderung des Welturheberrechts durch Entwicklungshilfe — L'Encouragement du Droit d'Auteur Mondial par l'Aide aux Pays en Voie de Développement — Advancement of World Copyright through Aid to Developing Countries — Promoción del Derecho de Autor Mundial a través de la Ayuda para el Desarrollo — 107 S. DM 18,—.

45 Dr. Erich Schulze: Schutz vor Satelliten, Eine Studie zum Urheberrecht und zu den verwandten Schutzrechten — Protection contre Satellites, Etude sur le Droit d'Auteur et les Droits apparentés — Protection against Satellites, A Study of Copyright and Neighbouring Rights — 140 S. DM 20,—.

46 Dr. Erich Schulze: Revision des Internationalen Urheberrechts — Revision du Droit d'Auteur International — Revision of the International Copyright — 312 S. DM 45,—.

47 Symposion der Consociatio Internationalis Musicae Sacrae vom 14. bis 16. April 1971 in Salzburg — 72 S. DM 9,80.

48 Prof. Dr. Alois Troller: Vorentwurf der Expertenkommission für ein schweizerisches Bundesgesetz betreffend das Urheberrecht – 115 S. DM 20,–.

49 D. Dr. Winfried Schulz: Zum Schutz des geistigen Eigentums im System des kanonischen Rechts – Eine rechtsvergleichende Untersuchung zum Problemkreis des Urheberrechts und seiner Aufgabe und Bedeutung im kanonischen Recht – 232 S. DM 35,–.

50 Prof. Dr. Neumann-Duesberg: Die GEMA als Tendenzunternehmen/Tendenzbetrieb (§ 118 Abs. 1 BetrVG) – 28 S. DM 5,50.

VERLAG FRANZ VAHLEN GMBH
MÜNCHEN